Marlene Bunke

Zauberhafte Gartendeko

Hölker Verlag

Inhalt

Vorwort

„Wer einen Garten pflanzt, pflanzt das Glück“, sagt ein Sprichwort. Ob bunter Bauerngarten, großflächige Anlage, Schrebergarten oder kleines Reihenhaus-Grün – jeder, der schon mal ein Fleckchen Erde beackert hat, wird dem Volksmund recht geben. Ein Garten beschäftigt unsere Sinne und beruhigt unsere Seele. Bei der Gartenarbeit vergessen wir all unsere Sorgen und Probleme, der Garten braucht uns und wir ihn. Eine Oase der Ruhe? Manchmal schon, aber oft erfordert er auch viel Tatkraft: Gartenmöbel müssen instand gehalten, Blumentöpfe gereinigt und verziert werden. Die Geräte sollen stets sauber bereitstehen. Kräuter wollen in Szene gesetzt, gesammelte Samen stilvoll aufbewahrt werden. Sie sorgen schließlich für den Blütenflor des nächsten Sommers! Abends dekorieren wir mit Lichtern und illuminieren Bäume und Sträucher. Mit Kreativität und Fingerspitzengefühl beschenken wir unsere Freunde – natürlich mit Produkten aus unserem eigenen Garten! Wir gestalten und dekorieren Zäune, basteln Vogel- und Futterhäuschen und lassen uns verzaubern durch das Winter Wonderland, das den Abschluss der Gartensaison bedeutet. Ciao Garten – bis zum nächsten Frühjahr!

Gartenmöbel verschönern

Fröhliche Farben und individuelle Möbel lassen Ihren Garten noch besser zur Geltung kommen!

Der Lieblingsplatz für den Sommer ist gesichert! Gartenstuhl und Sonnenschirm mit fröhlichen Mustern von bunten Papierservietten verzieren. Von diesen die oberste, bedruckte Schicht ablösen und den Stuhl Latte für Latte damit bekleben, ebenso die einzelnen Schirmflächen (Serviettentechnik, siehe S. 9).

Roter Liegestuhl mit Erdbeermotiv Den Bezug von einem alten Holzliegestuhl entfernen, das Gestell rot lackieren. Nach den Maßen des alten Bezuges aus zwei Beerenstoffen einen neuen nähen. Oben und unten um die Holme des Liegestuhls legen und mit einem kräftigen Faden ansteppen. (Je nach Stoffqualität den Stoff evtl. doppelt nähen!)

Wer einen Garten hat, lebt schon im Paradies.

Aba Assa, Essayistin

Bunte Sommerbank im Gipsy-Look mit Serviettentechnik Fröhlich wie eine Blumenwiese: Die kunterbunte Blumen-Punkte-Bank. Dafür eine einfache Friesenbank weiß grundieren, trocknen lassen, dann mit Acryllack weiß streichen und wieder trocknen lassen. Mit jeweils der bedruckten Schicht von verschiedenen Servietten bekleben: hellblau, rosa mit Blümchen, bunte Tupfen, rosa Vichykaro.

Schmetterlinge und Blumen aus einem weiteren Serviettendekor ausschneiden. Die ausgeschnittenen Teile auf die Stellen mit Vichykaro und Punkten kleben. Zum Schluss mit Serviettenlack und -kleber (Bastelladen) noch einmal über alle Teile gehen, dadurch wird die Bank feucht abwischbar. Der Kleber ist zwar wetterfest, trotzdem sollten Sie die Bank über Nacht geschützt stellen.

Sonnenschirm mit Moskitonetz, Bändern und Blüten Hier haben lästige Insekten keine Chance: Ein Moskitonetz sorgt nicht nur für ein störungsfreies Beisammensein im Garten, es schafft auch, wenn es zusätzlich mit dekorativen Blüten verziert wird (s. oben), eine romantische Stimmung. Das Netz wird einfach über den Sonnenschirm gelegt. Zum Verzieren eigenen sich Satin- und Organzabänder und unterschiedliche, bunte Sommerblüten. Zum Befestigen benötigen Sie nur einen Bürohefter.

Die Genießerbank Auch der fleißigste Gärtner muss mal Pause machen – am liebsten auf einer gemütlichen Bank, mit einem Extraplatz für Kaffekanne, Tasse und was man sonst noch zum Entspannen braucht. Sie können entweder eine alte Gartenbank aufmöbeln oder eine billige, neue besorgen. Schichtholzwinkel aus dem Baumarkt und die Ablage aus Latten und fertigen Schichtholzwinkeln bauen. Die Bank schleifen, vorstreichen und mit Acryllack lackieren. Fertig!

Nettes Plätzchen im Blümchen-Trend Sogar das Tablett hat einen passenden Überzug! Dafür ein rundes Metalltablett farblich passend lackieren. Ein Stück geblümten Baumwollstoff zuschneiden (mit Rand). Das Tablett mit Bastelkleber einstreichen. Den Stoff auflegen und gut andrücken. Den Rand bis auf ca. 1 cm Überstand gleichmäßig zurück- und in Abständen einschneiden. Den Tablettrand mit Klebstoff bestreichen und den Stoff ankleben. Eine passende Glasscheibe (vom Glaser) schützt.

Die Natur ist ein sehr gutes Beruhigungsmittel.

Anton P. Tschechow

Kissenkette aus Baumwollstoff und/oder Geschirrtüchern Quadratisch, praktisch und wunderschön. Für die Bezüge: 40 x 40 cm Stoff plus Nahtzugabe. Eine Seite offen lassen oder mit Reißverschluss bzw. Hotelverschluss versehen, um das Kissen herausnehmen zu können. Der Clou: Pro Kissen 2 Bänder (ca. 25 cm lang, 4 cm breit, als Schlaufe genäht) miteinfassen, womit jeweils 2 Kissen später zusammengebunden werden. So können weder Rücken- noch Sitzkissen verrutschen.

Hängematte mit Kissen Eine schlichte Hängematte wird durch zartbunte, weiche Kissen zur Wohlfühloase.

Gartenromantik mit Herz Bitte anlehnen! Entweder ein fertiges Baumwollkissen (ca. 60 x 40 cm) nehmen, oder ein Querkissen aus weißem Baumwollstoff (140 x 42 cm) selbst nähen. Hierbei die Front von 60 cm Breite für die Herzen nehmen, die beiden Seitenteile hinten um- bzw. übereinanderschlagen (Hotelverschluss). Herzen: Aus Stoffresten Quadrate (12 x 12 cm) schneiden, mit Vlieseline H 250 verstärken, dann Herzform (Schablone aus Pappe vorbereiten) auf die Rückseite zeichnen und ausschneiden. Die Herzen mit roter Knopflochseide im Zickzackstich auf die Vorderseite steppen.

Blumentöpfe verzieren

Wünschen Sie sich eine Abwechslung zu den üblichen Ton- und Terracotta-Blumentöpfen? Dann haben wir hier eine ganze Reihe Anregungen für Sie!

Leiter als Blumenbank, überzogene Dosen als Übertöpfe Der Clou auf diesem Balkon: eine Leiter dient als Blumenbank. Und Dosen als Übertopf! Dosen mit Muster aussuchen und die Blumen samt Topf reinstellen, damit sie zum Gießen herausgenommen werden können (siehe auch Bild links).

Rosentöpfe mit Poesie und Glanzbildern Zwei Rosen-Übertöpfe weiß grundieren und rosa bemalen. Ein Zitat auswählen, mit Bleistift vorschreiben und mit einem roten Gelstift (oder Ölkreide) nachziehen. Rosenpflanzen hineinstellen. Zwei Rosenoblaten an den Rand kleben.

Die Freude, die wir an den Blumen haben, das ist noch ordentlich vom Paradiese her.

Philipp Otto Runge

Glockenheide in Karotöpfchen mit Heidi-Ansteckern
Glocken- und Besenheide bringen den herbstlichen Balkon zum Leuchten. In den mit Karostoff zünftig bezogenen Übertöpfen, geschmückt mit Trachtenborten und Alpen-Anhängern, kommen sie besonders schön zur Geltung.

Kleine Zinkeimer mit Hortensienblüten
Hortensienblüten, kurz abgeschnitten und mit wenigen Blättern in kleine Wassereimer gestellt, sind eine stimmungsvolle Dekoration. Besonders, wenn auf die Zinkeimer auch noch die passenden Blüten mit Acryl-Bastelfarbe aufgemalt werden!

Zinkeimer in Vichykaro als Hängetöpfe Die Hänge-Eimerchen sind eigentlich für Küchenutensilien gedacht. Mit pastellfarbenem Karo in Serviettentechnik beklebt, mit Bändern in zarten Farben verziert und mit Duftwicken gefüllt, machen sie die fliederfarbene Weiden-Wand zum Schmuckstück.

Sally

Zierkohl in Olivenöldosen Ein Hauch von Süden! Es muss nicht immer ein teurer Übertopf sein, leere Olivenöldosen sind auch sehr originell! Einfach einen kleinen Topf mit Zierkohl hineinstellen. Evtl. unten zusammengeknüllte Plastikfolie hineinstopfen, damit die Töpfchen nicht zu tief in die Dose rutschen. Zum Gießen am besten herausnehmen.

Bemalte Töpfe für Blumenzwiebeln Hierüber freut sich jeder Hobbygärtner: Blumenzwiebeln. Für die passenden Blumentöpfe einfache Tontöpfe weiß grundieren, rosa streichen und mit Blumenmotiven bemalen. Trocknen lassen, mit Seidenpapier auslegen und die Zwiebeln hineinfüllen. Das Bild auf der Tüte ausschneiden und mit in den Topf stecken. So sieht man gleich, um welche Zwiebel es sich handelt. Evtl. noch eine Schleife als Deko dazulegen.

Tontöpfe mit nostalgischen Motiven beklebt
Tontöpfe weiß grundieren, mit Acrylfarbe anmalen und trocknen lassen. Passende Glanzbilder aussuchen und mit Serviettenkleber auf die Töpfe kleben. Alles zweimal mit Serviettenkleber im Ganzen lacken und so vor Feuchtigkeit schützen.

Gartengerät organisieren

Gartengerät wird meist stiefmütterlich in irgendeiner dunklen Ecke verstaut. Dabei kann man es ganz leicht dekorativ gestalten und als Blickfang einsetzen!

Regal für kleine Gartengeräte Schön, wenn alles griffbereit ist! Dafür eignet sich ein umfunktionierter Küchenrollen-Halter. Das Gestell aus Holz weiß grundieren. Dann teils mit dem Rosenmuster von Papierservietten beziehen (siehe unten), teils rosa anmalen. Die Griffe der Geräte anschleifen, grundieren, dann weiß lackieren und Streifen aufmalen. Marienkäfer aufkleben. Zum Schluss das Bord lackieren.

Korb für Gartengeräte Korb samt Gartengerät gibt es fertig zu kaufen. Um die Griffe mit Serviettentechnik zu verschönern, diese zunächst mit weißer Acrylfarbe grundieren. Von einer Serviette, hier mit Karo- und Blumenmuster, vorsichtig die oberste Lage abtrennen und mit Serviettenkleber glatt aufkleben. Trocknen lassen und mit Serviettenlack überziehen; so wird Ihr Kunstwerk wasserdicht.

Radies
Riesenbutter
für Sommeranbau, Pilliertes Saatgut
Pilliertes Saatgut
Halblanger weißer Sommer

Wir müssen die Zeit als Werkzeug nutzen und nicht als Sofa zum Ausruhen.

J.F. Kennedy

Hakenbrett für Gartenscheren mit Rosenmotiv Einen Obstkistenboden grün grundieren, die Rosen mithilfe einer Schablone aufmalen (Bastelladen). Haken mit Dekomarker rosa anmalen. Mit einem Dorn Löcher vorbohren und die Haken einschrauben. Für die Aufhängung einen Draht um die mittlere Leiste unter die Querleiste herziehen, nach hinten führen und zusammendrehen.

Gartenregal aus Obstkiste (oben und linke Seite) So macht es Spaß, Ordnung zu halten! Vom Obsthändler 2 Kisten holen (gibt es meist umsonst). Aus einer Kiste 2 Bretter lösen, passend zusägen und als Regalböden in die zweite Kiste einarbeiten. Dafür auf jeder Seite kleine Holzstreben annageln und die Bretter auflegen. Alles erst weiß, dann in der gewünschten Farbe streichen. Nach dem Trocknen mit Serviettentechnik (siehe S. 20) oder Schablonen (Bastelladen) Motive aufbringen. Zum Schluss das Ganze klar lackieren und, wenn gewünscht, Haken anschrauben.

Gartenkorb mit Utensilo-Rand aus Karostoff Dieser Korb hat rundherum Taschen – ganz nach dem Vorbild englischer Gärtnerkörbe. Einen einfarbigen Stoffstreifen entsprechend Korbhöhe und -umfang zuschneiden, den karierten etwas schmaler, dafür aber lang genug, dass hieraus Taschen gefaltet und eingenäht werden können. Die beiden Streifen an allen 4 Ecken zusammennähen, Taschen kniffen und in der Mitte abnähen. Stoffstreifen unten zusammennähen und mithilfe von Ösen und weißer Kordel am Korb befestigen.

Gartenschürze mit Taschen und Netzeinsatz Einfach unentbehrlich für Hobbygärtner: In der selbstgenähten Taschenschürze haben alle Utensilien Platz, die man zum Arbeiten im Garten braucht. Weil sie schmutz- und wasserunempfindlich sein muss, wird die Schürze aus Wachstuch und Synthetik-Netzgewebe genäht. Beides gibt es vom Meter, z. B. in Kaufhäusern. Aber auch Reste einer Wachstuch-Tischdecke und Innenfutter von alter Sportbekleidung eignen sich dafür (Schnittmuster und Anleitung unter www.mioumiou.de).

Sammelkorb mit Innenleben aus Wachstuch Von einem schönen Henkelkorb den Boden plus Nahtzugabe ausmessen und aus Wachstuch zuschneiden. Dann die Höhe des Korbes plus 15 cm ausmessen und ebenfalls aus Wachstuch ausschneiden. Bei diesem Stück eine lange Seite in kleine Falten legen und rundum an die Bodenplatte annähen. Obenherum einen Tunnel nähen, an den Korbhenkeln einschneiden und nach innen klappen. Durch den Tunnel ein gepunktetes Band ziehen und mithilfe einer Schleife spannen.

Kräuter in Szene setzen

Küchenkräuter immer frisch zur Verfügung zu haben, das ist einer der Vorzüge, die ein eigener Garten oder Balkon mit sich bringt. Und Kräuter sind nicht nur aromatisch, sie sind auch sehr dekorativ!

Kräuter auf dem Balkon Es müssen nicht immer Blumen sein – auch Kräuter auf dem Balkon vermitteln eine tolle südländische Stimmung! Besonders ein Hochstämmchen (Rosmarin) ist ein wahrer Hingucker, und ebenso blühende Kräuter wie Lavendel und Angelonia. Das dunkelrote Basilikum in der Mitte bildet einen hübschen Kontrast zu den grünen Sorten.

Kräuter – immer schnell zur Hand Welch ein Luxus, wenn man nur mal eben nach draußen zum Ernten geht, um dem Dressing den letzten Pfiff zu verleihen! Ein Stuhl mit Kräuterkiste ist hier der Mittelpunkt. Drumherum stehen lauter Zinkgefäße oder Terracottatöpfe: Zitronenmelisse, Majoran, Lavendel, blühender Thymian, verschiedene Sorten Basilikum und im Hintergrund ein Olivenbäumchen.

Thymian
Oregano

Kräuterregal aus Konservendosen Als Rückwand ein rustikales Regalbrett nussbraun anstreichen. Leere Konservendosen gründlich ausspülen. Arbeitshandschuhe anziehen und die Dosen entlang der Naht mit einer Blechschere aufschneiden. Am Boden entlang beidseitig zu einem Drittel einschneiden. Den Dosenboden rechtwinklig nach innen biegen, die Wände links und rechts nach außen falten. Das geht am besten mit zwei Leisten, zwischen denen das Blech klemmt. An den Schnittkanten Zacken einschneiden, mit Hammer und Nagel Löcher in die Zackenspitze schlagen. Die Dosen in einer Reihe auf die Rückwand nageln. Die Kräuternamen mit Kreide über die Töpfe schreiben.

Kräutertöpfe in Holzkisten Hier stehen Schnittlauch, Kerbel, Estragon, Petersilie, Minze, Thymian und Zitronenmelisse in dekorativen Kisten beisammen. Dafür Obstkisten (gibt's meist kostenlos beim Gemüsehändler) mithilfe von Buchstaben- und Blätter-Schablonen (Bastelladen) sowie Acrylfarbe beschriften. Evtl. noch kleine Namensschildchen basteln: Aus dem Brett einer Obstkiste ca. 5 x 8 cm große Rechtecke zusägen, glatt schleifen, die Ecken etwas abrunden und weiß anmalen. Die Vorderseite mit Karopapier bekleben und ein Rechteck aus schwarzem Karton aufkleben. Einen Schaschlikspieß mit Heißkleber ankleben und die Schildchen mit Kreide beschriften.

Schöne Scherben! Kein Problem, wenn mal ein Tontopf kaputtgeht. Erstens kann man die Scherben immer gut für eine Drainage verwenden, und außerdem können sie, wie hier auf dem Bild, als Namensschilder für Kräuter dienen. Dafür die Scherben mit einem weißen Lackmalstift verzieren und beschriften. Mit Pattex einen Blumenstab auf der hinteren Seite anbringen und in die Kräutertöpfe stecken.

Samen aufbewahren

Von vielen einjährigen Pflanzen kann man Samen abnehmen und daraus im nächsten Jahr wieder eine neue Blütenpracht ziehen.

Samentüten aus Butterbrotpapier Aus Tonpapier Streifen von 3 x 20 cm schneiden, in der Mitte falten und um Butterbrottüten kleben. Mit einer Zackenschere oben ca. 2 cm abschneiden. Umfalten und lochen. Blüten aus Tonpapier schneiden, lochen, beschriften und mit Küchengarn an der Tüte befestigen.

Spankorb zum Aufbewahren von Samentüten Einen Spankorb helltürkis bemalen. Aus dem Boden einer Obstkiste (Gemüsehändler) 4 passende Teile in der Breite des Korbes zusägen und rosa bemalen. Sie werden wie Registerkarten zur Unterteilung der Samentütchen in den Korb gesteckt.

Sonnen-
Blume
Studenten-
Blume
Kresse

Zinnie
Bartnelke
Löwen-
mäulchen

Das Leben beginnt mit dem Tag, an dem man einen Garten anlegt.

Chinesisches Sprichwort

Pastellfarbene Samentütchen mit Tortenspitze Einfach Spitze, diese Samentütchen! Ca. 20 x 20 cm große Quadrate aus Tonpapier ausschneiden, in der Mitte falten und an der Längsseite zusammenkleben. Unten zweimal 1 cm breit umfalten und zukleben. Die offene Seite breit nach vorn umschlagen und mit Tortenspitze bekleben. Die Lasche entlang der Kontur zuschneiden.

Dreieckige Samentütchen mit Blümchenmuster und Klammer Aus Schreibpapier Quadrate schneiden und in Serviettentechnik bekleben. Diagonal falten und zur Tüte kleben. Diese so falten, dass die obere Spitze als Verschluss nach unten gefaltet werden kann. Ovale Schildchen aus Tonpapier ausschneiden, beschriften und mit einer Dekoklammer anbringen.

Samen in der Butterbrottüte Schmuckstücke – nicht nur, wenn sie blühen: Butterbrottüten mithilfe einer Schablone (Schreibwarenhandel) beschriften. Die getrockneten Samen einfüllen und den oberen Rand zweimal umknicken. Dann ein, zwei getrocknete Blüten oder Samen auf die Tüte legen und mit einem dünnen Band fixieren.

Mit Lichtern dekorieren

Wenn Sie gerne mit Gästen in Ihrem Garten oder auf dem Balkon sitzen, sorgen kleine Lichtakzente für eine stimmungsvolle Atmosphäre.

Bunte Hänge-Windlichter aus Glas Schraubgläser sammeln. Mit Window Colour Streifen und dicke Punkte direkt auf das Glas malen, trocknen lassen. Eine Drahtschlinge um den Rand legen und als Bügel über das Glas führen. An der anderen Seite wieder am Draht festdrehen und das Ende abkneifen. Ein farbiges Teelicht hineinstellen.

Schöner Schein für die Sommerparty Dafür sorgen Metalllaternen in den Trendfarben Apfelgrün und Ozeanblau. Laternen mit Kerzen bestücken und die Glasscheiben mit fertigen Gelmotiven dekorieren (Bastelladen). Die Motive sind selbsthaftend und können mehrfach benutzt werden.

Zauberhafte Windlichter aus alten Blechdosen Einfach den Deckel entfernen, die Dosen auswaschen, zu drei Vierteln mit Wasser füllen und tiefkühlen. Dann mit einer Schraubzwinge fixieren und mit Hammer und Nagel Lochmuster in das Blech stanzen. Durch das gefrorene Wasser verbeult das Blech nicht. Zum Schmelzen in ein Becken stellen. Dann Teelichter oder kleine Stumpenkerzen hineinstellen und anzünden.

Backförmchen mit Lochmuster und Window-Colour Orient-Flair – Briocheförmchen aus Alu lassen sich wunderbar als Windlichter verwenden. Die Förmchen wie oben mit Wasser füllen und einfrieren. Dann Lochmuster hineinschlagen. Auftauen lassen, trocknen und die Löcher mit Window-Colour überziehen.

Windlichter aus Konservendosen Strahlend schön und schnell gemacht! Dosen wie nebenstehend vorbereiten und Löcher in das Blech schlagen. Einfache Muster am Rand oder ein Herz sehen schön aus. Die Dosen mit Acrylfarbe streichen, trocknen lassen und anschließend mit Geschenkband bekleben. Kleine flache Dosen reinigen und auch rundherum mit entsprechend breitem Geschenkband bekleben.

Dem Fröhlichen ist jedes Unkraut eine Blume, dem Betrübten jede Blume ein Unkraut .

Finnisches Sprichwort

Herbstliche Windlichter aus Gläsern mit buntem Laub Herbstleuchten – das fröhliche Trio ist schnell selbst gezaubert. Um jedes Glas ein schmales Karoband binden, frische und getrocknete Blätter (z. B. von Eiche, Buche) sowie Beeren (Hagebutten, Schneebeere) seitlich unter das Band schieben, ins Glas eine Stumpenkerze stellen. Kerze und Band sollten jeweils in der Farbe des Glases gehalten sein.

Lampions und Laternen Die luftig leichte Dekoration aus Laternen, die einfach in Zweige gehängt werden, eignet sich wunderbar für Sommerfeste im Garten. Dabei aufpassen, dass keine Brandgefahr besteht!

Lampions mit künstlichen Blüten Im Trend: Papierlampen im Asia-Style – Einfach kleine künstliche Papierblüten (Bastelladen) mit Stecknadeln an die Lampions stecken oder mit Bastelkleber festkleben. Je nach Kerzenhalter-Vorrichtung ein Teelicht oder eine einfache Weihnachtskerze hineinsetzen. Die Laternen mit farblich passenden Wäscheklammern an einer Wäscheleine befestigen.

Gartenfreunde beschenken

Selbstgemachte Geschenke sind genau das Richtige für liebe Menschen, die Ihre Freude am Garten und Gärtnern teilen.

Kräutersirup für Saucen und Dressings 1 Liter Wasser mit 1 Bund gewaschenen Kräutern aufkochen. Über Nacht ziehen lassen, abseihen, den Sud in einen Topf geben. Aufkochen und 500 g Zucker einrühren. 1 Spritzer Zitrone dazugeben, gut durchkochen. Sirup in vorgewärmte Flaschen gießen, verschließen und abkühlen lassen. Es eignen sich z. B.: Minze, Zitronenmelisse, Rosmarin, Thymian, einzeln oder gemischt.

Ölflaschen mit Kräutern Geht schnell: Gute Öle in hübsche gesammelte Flaschen füllen. Kräuterstängel hineinstecken und verschließen. Die Kräuter geben ihr Aroma an das Öl ab.

Küchenutensilos mit Kräutern Kräuter (hier: Salbei, Rosmarin, Petersilie) pressen und trocknen. Schlichte Tontöpfe mit weißer Acrylfarbe streichen, trocknen lassen. Dann Serviettenkleber aufstreichen, die Kräuter auflegen, sacht andrücken und trocknen lassen. Eventuell noch einmal überstreichen. Ein Karoband um den Topfrand binden. Jetzt kann das „Handwerkszeug" für die Küche hineingestellt werden.

Wer einen Garten hat,
dem erscheint alles Bittere im Leben gemildert.

Sprichwort

Frühstückstisch mit Löwenzahnhonig Goldgelb wie der Frühling – Honig mit Löwenzahn. Das Blitz-Rezept: Möglichst flüssigen Honig mit ein paar Löwenzahnblüten mischen und alles in ein schönes Deko-Einmachglas füllen. Mit einer Karoschleife und einem beschrifteten Schildchen verzieren. (Für „echten" Löwenzahnhonig, der aus Löwenzahnblüten und Zucker gekocht wird, siehe z. B. www.webkoch.de)

Gastgeschenk: rote Grütze Rote Grütze in kleine Einmachgläser füllen, Serviette und bunter Kunststofflöffel obenauf und mit einer Karoschleife festhalten. Die rote Grütze entweder fertig kaufen oder (besser) aus frischen Früchten selber machen (Rezept siehe z. B. www.webkoch.de). Nach dem Abkühlen in die Einmachgläser füllen.

Marmeladengläser mit gravierten Etiketten Leere Schraubgläser sammeln und gut spülen. Etiketten – oval, rechteckig und mit abgeschrägten Ecken – und Früchte auf Papier vorzeichnen und als Schablone mit Tesa von innen in das Glas kleben. Konturen ritzen (z. B. mit einem Dremel). Schablone entfernen, dann mit dem Kegelwerkzeug die Flächen mattieren. Marmeladen kochen, in die Gläser füllen und verschließen.

Rezepte

Kräuter-Kochbuch Kräuter (gepresst oder frisch) auf grünem Packpapier anordnen. Über alles hellgrünes Hobby-Spray (Bastelladen) sprühen. Trocknen lassen, die Kräuter entfernen. Notizbuch mit dem Papier einbinden. Einen Streifen für den Titel aufkleben.

Bestickte Rezept-Buchhülle Den Einband aus doppelt gelegtem Karostoff so nähen, dass er wie ein Heftschoner um das Rezeptbuch gelegt werden kann. Himbeeren vorzeichnen und auf den Stoff übertragen. Blätter im Spann- oder Plattstich sticken, Beeren mit Rocailles-Perlen sticken – erst die Konturen, danach auffüllen.

Lavendel trocknen, abstreifen und in Beutel füllen Frischen Lavendel schneiden, mit Bast zu Bündeln binden und aufhängen. Nach dem Trocknen die Blüten abribbeln und in Säckchen füllen. Tipp: Wenn der Duft nachlässt, mit ein paar Tropfen Lavendelessenz nachhelfen.

Lavendel-Duftsäckchen Ein mit Lavendelblüten gefülltes Säckchen (siehe links) auf dem Nachttisch hilft bei nervöser Unruhe und Schlaflosigkeit. Auch im Bad verbreiten die Duftsäckchen, zusammen mit einem Bündel Zimtstangen, aromatischen Wellness-Duft.

Künstlicher Regen wird durch Gießkannen erzeugt.

Karl Valentin

Gießkanne mit Rosen Eine Zinkkanne mit Haftgrund und nach dem Trocknen mit hellblauer Acrylfarbe bemalen. Mithilfe einer Schablone (Bastelladen) Blüten in Rosa und Blätter in Grün mit Decormatt-Farbe auftupfen. Für Ungeübte: Mit wenig Farbe beginnen, dann kräftiger werden. Kanne trocknen lassen und klar lackieren.

Für Regen eigentlich zu schade! Aus einer Serviette Randstreifen und einzelne Blüten ausschneiden, obere Schicht abziehen und mithilfe von weißer, doppelseitig klebender PVC-Folie um den Rand der Gummistiefel kleben. Mit Serviettenlack und -kleber überziehen.

Umtopfbrett mit Blütenranke Ein Holzbrett (40 x 60 cm, 18 mm stark) und passende Stirn- und Seitenteile im Baumarkt zuschneiden lassen. Rundungen und Abschrägungen von Hand mit der Stichsäge aussägen. Dafür eine Schablone zeichnen und anlegen. Die Seitenteile erhalten Grifflöcher von ca. 3 x 5,5 cm, die Stirnseite eine Abdeckung aus Leisten. Für das 15 x 5,5 x 7 cm große Fach 8 mm starkes Sperrholz verwenden. Eine Gießkanne aufzeichnen (Schablone) und aussägen. Alle Kanten abschleifen. Seitenteile mit Holzleim befestigen und verschrauben. Alles mit dunkelblauem Acryllack grundieren. Nach dem Trocknen mit etwas hellblauem Acryllack wischend überstreichen, so dass ein Antik-Effekt entsteht. Trocknen lassen. Blütenmotiv – freihand oder mit Schablone – aufmalen.

Vogelhäuschen basteln

Nistkästen und Futterhäuschen locken die geliebten bunten Piepmätze in den Garten oder sind – in Miniaturausgabe – hübsche Geschenke.

Nistkästen hübsch verziert Neues Outfit für Vogelheime: Die Nistkästen stammen vom Baumarkt, das Wand-Design von Papierservietten. Die Holzkästen erst weiß grundieren. Einzelne Flächen rosa bzw. hellblau streichen. Von gemusterten Papierservietten die bedruckte Lage abziehen und mit Serviettenlack und -kleber auf die verbliebenen Flächen aufbringen. Die Häuschen zum Schutz überlackieren.

Vogelhäuschen zwischen Geranien Minivogelhäuschen zwischen Geranien – eine hübsche Deko-Idee, auch zum Verschenken. Vogelhäuschen erst mit Acryllack weiß streichen und dann mit einem Decomarker (Bastelladen) mit einfachen Mustern bunt bemalen. Die Häuschen gibt es in Baumärkten oder Gartencentern.

Gießkanne als Futterhäuschen Alles Nötige erhalten Sie im Baumarkt. Eine Seite der Gießkanne mit der Blechschere aufschneiden. Dafür zunächst mit dem Stechbeitel ein Loch vorbohren. Am besten mit Handschuhen arbeiten. Die Kanten mit einer Metallfeile glätten. Den Trichter auf die Gießkanne kleben. Mit weißer Bastelfarbe Schnörkel aufmalen. Trocknen lassen und die Ornamente kolorieren. Nach dem Trocknen klar lackieren. Eine Flaschenbürste durch den Trichter schieben, das Griffende zum Haken umbiegen. Das Bürstenende so verbiegen, dass es nicht herausrutschen kann.

Minieimer mit Vogelfutter In den Boden von kleinen Zinkeimern ein Loch bohren. Ein Stück Blumendraht durchziehen und innen mit einer großen Perle befestigen. Auf das äußere Drahtstück Perlen fädeln. Den Eimer etwa zu drei Vierteln mit Körnerfutter füllen. Kokosfett schmelzen und über die Körner gießen. Nach dem Erkalten umgedreht aufhängen.

Futterhaus aus einer Milchtüte
Eine Milchtüte mit Schraubverschluss (über den wird später das Futter eingefüllt) gründlich auswaschen und trocknen lassen. Aus Geschenkpapier Vogelbilder ausschneiden, aufkleben und mit selbstklebender Folie schützen. Unten so Löcher in die Seiten bohren, dass Rundhölzer als Sitzstangen überkreuz durchgeschoben werden können. An den Ecken etwas darüber einen waagerechten Schnitt machen und die Milchtüte nach innen eindellen.

Zäune schön gestalten

Zäune können mehr sein als einfache Begrenzungen. Sie geben Rahmen und Kulisse für Ihren Garten ab.

Geflochtene Beetbegrenzung aus Weide
Weidenzäune gab es früher überall in den Bauerngärten. Hier sind es einzelne, kleinere Beetbegrenzungen, die man in die Erde stecken kann. Es gibt sie in Gartencentern oder bei Korbflechtern.

Gartenzaun nach altem Vorbild Latten in die Erde treiben und mit Weide verbinden. Die Weidenzweige über Nacht in Wasser legen, damit sie schön biegsam sind. Jetzt die Latten umflechten und miteinander verbinden. Die Enden durch das Flechtwerk schieben.

Die Erhöhung des Gartenzauns lässt Stare in den Kirschen kalt.

Klaus Konjetzky

Minizaun mit Zinkgefäßen Dünne Äste oder Stöcke (Baumarkt oder selber sammeln) unten anspitzen und in die Erde treiben. Mit festem Draht verbinden. Die obere Kante kann gern unterschiedlich lang sein. Mit verschiedenen Krügen, Gießkannen oder Eimern aus Zink im Miniformat (Gartencenter) schmücken.

Zaunpfähle mit Fischernetz Hier sind Heimwerker gefragt! Zuerst Pfähle (Baumarkt) fest in der Erde verankern. Auf der Rückseite oben und unten Haken einschrauben und die Pfähle graublau lackieren. Das Fischernetz (Anglerbedarf) mit den Tauen an die Haken hängen und so die Pfähle miteinander verbinden. Die Kante des Netzes an einen Pfahl tackern.

Gartenzaun für Kaninchen Holzstäbe so lang zuschneiden, dass der Mümmelmann nicht weghoppeln kann. Immer 6 kürzere und dann 1 längeres Stäbchen vorbereiten. Stäbe oben und unten jeweils im gleichen Abstand durchbohren. Bambusstäbe (Bastelladen) in 2 cm lange Stücke schneiden. Draht abwechselnd durch ein Bambusstück (innen hohl) und einen Stab führen. Oben und unten auf diese Weise vorgehen. Den Zaun evtl. mit Acrylfarbe weiß streichen. Mit den längeren Stäben in die Erde stecken. Den Stall immer im Schatten aufstellen!

Zaunlatten in Lilienform Eine Lilienform (Internet oder Bastelbuch) aussuchen und eine Schablone aus Karton anfertigen. Die Form mit Bleistift auf die Spitzen von Zaunlatten übertragen und aussägen. Die Bretter glatt schleifen. Blaue Bastelfarbe mit Wasser mischen und das Holz lasieren. Trocknen lassen. Nochmals anschleifen, um den „Gebraucht-Look" zu erreichen. Weiße Farbe mit einem trockenen dicken Pinsel auf die Bretter bürsten (Antik-Effekt). Zum Schluss die Latten auf die ebenso behandelten Querstreben schrauben. Der Zaun muss sorgfältig mit Klarlack versiegelt werden, da er sonst schutzlos der Witterung ausgesetzt ist.

Holzkatzen als Beetbegrenzung Die gemütlichen Katzen kann man selbst machen. Dafür die Formen (ca. 20 x 20 cm) erst auf Papier zeichnen, dann auf Leimholzplatte (20 mm dick) übertragen. Aussägen und glatt schleifen. Unten eine Latte anbringen und spitz zusägen. Alles weiß grundieren. Konturen aufmalen. Danach die Katzen unterschiedlich anmalen, trocknen lassen und wetterfest lackieren. Mit der zugespitzten Latte als Beetbegrenzung in den Boden stecken.

Liebevoll beschriftetes Holzherz am Gartenzaun Herzform (ca. 20 x 30 cm) auf eine passend große Holzplatte aufzeichnen und mit der Stichsäge aussägen. Die Kanten glatt schleifen und die Vorderseite rot anmalen. Das ganze Herz zum Schutz vor Feuchtigkeit mit Möbelwachs behandeln. Trocknen lassen und mit einem Deco-Marker beschriften. Seitlich Schraubösen eindrehen und einen Drahtbogen daran befestigen. Am Gartenzaun aufhängen.

Winter willkommen heißen

Auch in der kalten Jahreszeit ist der Garten ein Ort der Erholung, kleine Blickfänge laden zum Betrachten ein.

Laternen mit Mistelzweigen im Schnee Zauberhafte Winterstimmung im schneebedeckten Garten. Laternen wie diese gibt es im Geschenkhandel. Die Motive können mit Schablonen (Bastelladen) und Window-Colour direkt aufs Glas gemalt werden. Auf der Bank liegen Mistelzweige.

Metallhäuschen mit Windlichtern und Tannenzapfen Ein kleines Häuschen aus Zink (Gartencenter) kommt zu winterlichen Ehren! Erleuchtet wird es mit Teelichtern. Lorbeerblätter, Tannenzapfen und kleine silberne Kugeln schaffen ein vorweihnachtliches Ambiente.

Schneeglöckchen und Holzlaternen im Schnee Winterliches Highlight: Eine schlichte Gartenbank (Baumarkt) wird mit Acrylfarbe in Pink gestrichen. Das muntert auf und lässt triste Wintertage nicht mehr so grau erscheinen. Dazu kommen Schälchen mit Schneeglöckchen und Buchsbaumzweigen auf einem Tablett und 3 Windlichter, die bei Dämmerung heimeliges Kerzenlicht zaubern.

Heidekraut im Korb mit Vogelhäuschen Schöne Adventsstimmung: Eine Zinkwanne mit Heidekraut füllen, dazu ein Vogelhäuschen und Tannenzapfen dekorieren. Die Wanne mit Bast umwickeln und den Knoten evtl. mit einer künstlichen Schneeflocke dekorieren (Bastelladen). Auch im Winter ein Hingucker – glänzende Rosenkugeln.

Grüner Kranz mit Beeren und Physalis In einen Tannenkranz kleine Beeren (z. B. Multi Flora) und getrocknete Physalis (Lampionblumen) stecken. Den Kranz locker mit Karoband umschlingen und oben zur Schleife binden.

Wenn ich einen grünen Zweig im Herzen trage, wird sich ein Singvogel darauf niederlassen.

Chinesisches Sprichwort

Eukalyptus-Stern Duftet frisch und sieht toll aus! Immer etwa 3–4 gleich lange Eukalyptus-Stängel (Blumenladen) mit grünem Blumendraht umwickeln und so 6 Bündel herstellen. Danach 3 davon zu einem Dreieck verbinden. Ein zweites Dreieck herstellen und beide mit Draht sternförmig zusammensetzen.

Balkon mit Kamelie, Christrosen, Gaultherien und Schneeball Auch im Winter zeigen sich einige Blüten auf dem Balkon. An einem geschützten Platz fühlt sich die Kamelie wohl, Christrosen sind ohnehin winterharte Pflanzen, ebenso wie Schneeball und Gaultherien (Scheinbeere). Eine Girlande mit angedrahteten Äpfeln sieht nicht nur hübsch aus, sondern dient auch den heimischen Piepmätzen als Winterfutter.

Zinkwanne mit roten Windlichtern Wenn der Winter den Garten ganz in Weiß hüllt, kommen kleine Farbakzente besonders gut zur Geltung. Hier sind es rote Windlichter, die Kontrast und Stimmung zaubern. Besonders schön sieht das Lichtspiel aus, wenn Windlichter in verschiedenen Größen verwendet werden.

Alle Informationen und Anregungen in diesem Buch
wurden sorgfältig geprüft. Dennoch können weder Autorin noch Verlag
für eventuell entstehende Schäden haften.

14 13 12 11 10   5 4 3 2 1
ISBN 978-3-88117-811-2
Alle Fotos © FloraPress Agency GmbH, Hamburg
Layout: Sonja Kuhlbusch, Christiane Leesker
Redaktion: Christiane Leesker

www.hoelker-verlag.de

Printed in China